27

L. 72. 11798.

M. LAVERGNE

COLONEL

DU 9ᵉ RÉGIMENT DE DRAGONS.

LE MANS,

IMPRIMERIE DE GALLIENNE,

RUE BOURGEOISE, 17.

1853.

LE COLONEL LAVERGNE

Joseph-Marie LAVERGNE naquit le vingt-sept février 1795, à Uzel, petite ville du département des Côtes-du-Nord, bâtie sur le versant d'une montagne, entre Saint-Brieuc et Loudéac. Il eut le bonheur d'avoir une mère pieuse qui le forma, dès ses jeunes années, à la pratique des vertus chrétiennes. Ce fut auprès d'elle qu'il se prépara à sa première communion, action sainte qu'il fit avec toute la maturité d'un jugement sain et la piété d'une âme pure.

Un compagnon de son enfance, qui nous a fourni d'utiles renseignements pour la rédaction de cette notice, nous assure que le jeune Lavergne sut mettre long-temps à profit les excellentes leçons de sa mère, et qu'au collége, son affection pour celle qui lui avait donné le jour était devenue proverbiale.

Il se distingua dans la suite aussi, au milieu de ses condisciples, par une piété tendre, un jugement droit, un très-bon cœur et une grande amabilité pour tous ses confrères.

Il semble que la première pensée qui lui vint ou qui lui fut suggérée alors, était d'embrasser une autre carrière que celle des armes; mais, emporté par le désir d'être utile à sa patrie, et obéissant à un nouvel appel que faisait Bonaparte pour repousser les ennemis prêts à fondre sur la France, le jeune breton interrompit le cours de ses études. Il venait d'atteindre sa dix-septième année; il s'engagea comme volontaire.

Le 20 juillet 1812, il fut incorporé au 2e Régiment de Chasseurs, à l'arrière-garde de la campagne de Russie. Quoique dans les derniers rangs de l'armée, où le tenait relegué sa condition d'engagé volontaire, il ne laissa pas de montrer toujours une conduite digne d'éloges. Partout on le trouva respectueux et soumis envers ses chefs, honnête et officieux envers ses camarades, décent dans sa conduite, zélé pour son service et recommandable bientôt par son courage. Jamais il ne lui fut adressé un reproche, jamais on ne lui infligea de punition : la discipline devint dès lors sa règle, sa loi ; et le reste de sa vie ressemblera à cette première étape.

Dès le 6 février de l'année suivante, il obtint les galons de Brigadier, et le 1er janvier 1814, ceux de Maréchal-des-Logis, toujours au même régiment.

Durant ces deux années, le corps d'armée dont le 2e Régiment de Chasseurs se trouvait faire partie, fut tantôt caserné aux environs de Hambourg, et tantôt bivouaqua dans les campagnes du département des Bouches-de-l'Elbe.

Les évènements qui amenèrent la chute de l'Empire et la Restauration de la Monarchie n'empêchèrent point M. Lavergne de continuer sa carrière militaire. Au mois de juillet 1814, son régiment portait le nom de Régiment des Chasseurs de la Reine : il y resta avec le grade de Maréchal-des-Logis.

Le 25 novembre 1815, ce régiment fut licencié, et reconstitué seulement l'année suivante pour former celui des Chasseurs de l'Allier : M. Lavergne ne le quitta point jusqu'en 1828. Mais, pendant ce temps, sa conduite exemplaire, sa fidélité à observer et à faire observer la discipline, lui méritèrent successivement les grades de Sous-Lieutenant Porte-Étendard, le 5 mai 1819, et de Lieutenant, le 10 mars 1824.

Toutefois, bien qu'il comptât toujours à son régiment, M. Lavergne fut appelé à l'Ecole de Cavalerie de Saumur. Il y suivit

les Cours comme officier d'instruction, du
1er avril 1826 jusqu'au 1er octobre de l'année d'après, et y obtint de brillants suc-
cès (1).

Il fut alors élevé au grade honorable de
Capitaine-Instructeur en chef, et entra dans
le Régiment des Cuirassiers d'Orléans, 5e de
l'arme, le 20 mars 1828.

Mais, l'estime et l'affection de ses chefs,
aussi bien que la vénération des soldats, ne
permirent pas un éloignement trop prolongé
qui eut été préjudiciable aux intérêts de l'E-
cole : M. Lavergne fut donc rappelé à Saumur,
le 12 février 1831. Il y rentra comme Major ; et cette fois, ce fut, selon qu'il l'a dit
lui-même, pour y passer les dix plus belles
et plus heureuses années de sa vie.

Former de bons soldats, accoutumer de
futurs officiers aux rigueurs souvent bien
pénibles de la discipline militaire, leur ap-
prendre l'art si difficile du commandement,

(1) Sur 59, il obtint le numéro 4.

n'est-ce pas servir aussi utilement sa patrie que d'aller affronter la mort sur les champs de bataille? Ce fut le service que rendit le Capitaine-Major de l'Ecole, en exerçant aux rudes manœuvres de la cavalerie plusieurs des officiers distingués de nos temps.

Il venait d'entrer dans ces nouvelles fonctions, lorsqu'une circonstance particulière lui prouva jusqu'à quel point on l'estimait dans l'Ecole. Des actes réitérés d'insubordination firent craindre un moment de voir s'élever une espèce d'insurrection parmi les soldats. Le Major en eut vent; il se présenta aussitôt au milieu des plus échauffés, prononça quelques paroles affectueuses et énergiques; l'orage fut apaisé tout d'un coup, et le calme bientôt rétabli. Comme récompense de ses services, M. Lavergne reçut alors la Croix de Chevalier de la Légion-d'Honneur.

Cependant, le 5 mai 1841, élevé au grade de Chef d'Escadron, il quitta son Ecole bien-aimée pour être attaché au 7e Régiment de Lanciers. Ce fut dans ce nouveau poste, où il se distingua comme toujours par sa conduite régulière, et se fit remarquer surtout par ses connaissances étendues dans l'art militaire, que M. Lavergne reçut du Gouvernement la décoration d'Officier de la Légion-d'Honneur. Ainsi, dans la vie active du commandement, comme au milieu des travaux plus paisibles peut-être , mais non moins fatigants de l'instruction, nous retrouvons partout l'officier breton au poste de la fidélité et du devoir.

C'est aussi à cette époque de la vie de M. Lavergne que se rapporte un événement bien important pour lui ; nous voulons parler de son mariage.

Dans un de ses rares congés dont il aimait toujours à aller jouir au sein de sa chère Bretagne, il avait eu occasion de rencontrer, en plusieurs circonstances, Mademoiselle Marie-Louise Lemarchand de Launay, dont il connaissait déjà la famille. Elle était jeune encore, mais elle était surtout vertueuse, d'une piété touchante, modeste, d'une douceur angélique. Sa fortune n'était pas considérable ; M. Lavergne eut pu prétendre à une dot plus riche : mais ce motif ne pesa guère dans la balance. La piété et la vertu n'étaient-elles pas une dot précieuse et la plus sûre garantie de bonheur pour le soldat ? M. Lavergne pensa ainsi, et l'union fut conclue le 27 janvier 1846.

Il y avait un an que le Chef d'Escadron du 7e Lanciers avait été promu au grade de Lieutenant-Colonel du 2e Régiment de la même arme. La France allait être encore une fois ébranlée par de terribles commotions politiques. Il n'est pas besoin sans doute de rappeler les horreurs que l'anarchie et le désordre préparèrent en ces temps si peu éloignés de nous, dans toutes les villes de France. Le chef-lieu du département des Vosges était menacé des plus terribles malheurs. Les révoltés socialistes avaient grande chance de devenir les seuls maîtres de la ville, et par suite, du département. La commune était sans Magistrats : ni Préfet, ni Maire. Le 2e Régiment de Lanciers, alors en

garnison dans cette ville, tout résolu à mourir pour la défense de l'ordre, des lois et de
la propriété menacée, était là debout le jour
et la nuit, tenant en respect l'émeute qui
tentait de sortir de ses antres. Mais la ville
n'avait point de général et le régiment point
de colonel. Il restait cependant un homme
énergique pour conjurer la tempête : c'était
le Lieutenant-Colonel Lavergne. On le trouva
à son poste. Par sa présence d'esprit, l'as-
cendant de son autorité, et l'affection même
qu'il avait déjà conquise, il dompta ces tigres
altérés du sang de leurs frères. A sa voix,
le calme se fit; la cité rentra dans l'ordre :
et ses habitants, obéissant au sentiment de
la plus vive reconnaissance, lui décernèrent,
par acclamation, le titre et les droits de
citoyen d'Epinal ; témoignage à la fois honorable pour les habitants de cette ville et
pour le brave Lieutenant-Colonel leur sau-
veur.

Le Gouvernement d'alors n'eut pas plutôt
connaissance de cet acte de fermeté qu'il
s'empressa de le récompenser. L'Ecole de

Cavalerie réclamait aussi depuis long-temps son ancien Instructeur. M. Lavergne y revint, le 4 avril 1848, et y retrouva des amis et des camarades fidèles; il y fut accueilli avec enthousiasme par les officiers et par les soldats.

Mais ce repos qui convenait pourtant à sa santé délabrée, ne dura que peu de temps; car, le 26 décembre 1851, il fut appelé au commandement du 9me Régiment de Dragons.

Les souvenirs et les regrets que l'excellent Colonel laisse dans le cœur de tous les soldats de ce régiment, disent bien plus éloquemment que nous ne pourrions le faire, qu'il ne fut pas moins admirable dans ce poste éminent que dans tous les emplois inférieurs dont il s'était acquitté précédemment avec tant de fidélité.

Cependant, la société agréable et les soins affectueux d'une femme vraiment chrétienne avaient jeté quelques nouveaux charmes sur l'existence du Colonel. Ces causeries intimes, dans lesquelles on rappelait souvent les sou-

venirs de la Bretagne si aimée, les prévenan-
ces délicates dont l'entourait sa compagne,
tout cela ouvrit insensiblement son âme,
naturellement bonne, aux consolantes et solides
pensées de la foi, et féconda les germes dépo-
sés dans son cœur par son excellente mère.
Le guerrier se rappela qu'il était chrétien.

Aussi, à partir de ce temps surtout,
M. Lavergne ne laissa -t-il échapper aucune
occasion de manifester ouvertement son respect pour tout ce qui touche aux grands intérêts de la Religion. On le vit empressé de
fournir son généreux et actif concours à la
solennité des fêtes religieuses. Son estime
et sa vénération pour les Ministres de l'E-
glise ne furent jamais douteuses ; et l'on sait
avec quelle joie même il se rendit aux désirs
de notre vénérable Pontife, en favorisant
l'établissement de l'Œuvre des Militaires dans
la ville épiscopale. » Oh ! disait-il un jour,
à celui qui écrit ces pages, « combien je
« serais heureux de voir tous mes soldats
« suivre votre école. Quand on est façonné
« à la discipline chrétienne, on ne fait plus

« guère d'infractions à la discipline mili-
« taire ! »

C'est à cette époque aussi que, jaloux de reconnaître son zèle pour la Religion, et les services rendus à cette France qui est un des plus beaux fleurons de sa tiare, le Souverain Pontife Pie IX, voulut attacher sur la poitrine du fidèle soldat la croix de Commandeur de l'Ordre de Saint-Grégoire-le-Grand, à côté des décorations qu'il avait reçues du Gouvernement Français (1).

Enfin les rudes travaux auxquels l'intrépide Colonel ne cessait de se livrer, voulant présider en personne à toutes les manœuvres, et pour ainsi dire, à tous les mouvements de son régiment, avaient épuisé sa santé ; et quoiqu'il ne fut pas encore arrivé à la vieillesse, on ne pouvait se dissimuler qu'il approchait de sa fin. Son courage pourtant ne l'avait

(1) On sait que Mgr l'Evêque du Mans se chargea lui même d'apporter de Rome à M. Lavergne, la bonne nouvelle de cette distinction dont l'honorait Sa Sainteté.

point abandonné, mais ses forces trahissaient
son énergie. Les eaux de Vichy n'apportèrent
qu'un soulagement tout-à-fait passager à ses
souffrances aigües, et il se vit à regret forcé
de solliciter un congé temporaire, pour aller
essayer, comme d'un remède salutaire, de l'air
de son pays natal. Hélas! ce congé devait
être plus que temporaire, puisque, malgré
les soins les plus tendres et les plus empres-
sés que l'affection ne cessa de lui prodiguer,
il rendit son âme à Dieu, le deuxième jour
d'octobre dernier, âgé seulement de 58 ans
et 7 mois.

Mais, hâtons-nous de le dire, avant de
terminer sa carrière, et sur son lit de mort,
notre Soldat se montra franchement chrétien.
Aussitôt qu'il fut revenu dans sa campagne
de La Villeneuve, il s'occupa sérieusement
de mettre complètement ordre aux affaires
de sa conscience.

La paroisse de Saint-Brandan (1) a le bonheur de posséder depuis longtemps, pour pas-

(1) Doyenné de Quintin, diocèse de Saint-Brieuc.

teur, un homme selon le cœur de Dieu. C'est un ancien condisciple de M. Lavergne : ils ont passé ensemble les plus beaux jours de leur jeunesse, partagé les mêmes joies et les mêmes peines. Singuliers desseins de la Providence sur la destinée des hommes ! Le vieil ami dont les cheveux ont blanchi dans les travaux d'un ministère de paix, fut choisir pour soutenir et consoler dans ses derniers moments, le soldat usé par le pénible exercice du maniement des armes, et dans les dures et hasardeuses manœuvres de la guerre.

Laissons au vénérable Recteur le soin de raconter la mort édifiante de son ami. « Il « s'est confessé, nous écrit-il, et il a récla- « mé toutes les grâces que l'Eglise peut ac- « corder à un chrétien fidèle, plein de foi, « qui a voulu mourir dans la Religion de ses « pères. Pour moi, ajoute-t-il, j'ai éprouvé « en cette circonstance une des plus grandes « consolations que les longues années de « mon ministère m'aient offertes. J'ai trouvé « un militaire qui, au milieu du tumulte et

« du bruit des armes, avait pu oublier mo-
« mentanément ce qu'il devait à Dieu ,
« mais qui, dans le calme, et devant la mort,
« s'est trouvé franchement et solidement
« chrétien. Et, celui qui avait fait l'honneur
« de sa famille par une conduite irréprocha-
« ble, en a été l'édification par la mort la
« plus désirable, celle des Saints. » —
« Dites donc bien aussi, Monsieur, à ses
« chers Dragons que leur Colonel les a ai-
« més et qu'il a parlé d'eux avec la plus
« grande affection jusqu'à ses derniers ins-
« tants ! »

Nous avons assez dit ce que fut l'honorable Chef de corps, dans ses rapports avec
les soldats; nous ne voulons pas terminer
cette rapide esquisse de sa laborieuse vie,
sans dire un mot de ce qu'il fut dans ses
rapports avec les hommes du monde.

Le Colonel Lavergne fut toujours un
homme franc et loyal dans sa conduite, vé-
ridique dans ses discours, judicieux dans le
choix de ses amis et constant dans ses ami-

tiés. On le trouva toujours officiéux sans ostentation, et modeste sans hypocrisie, « simple sans bassesse », comme dit son vieil ami. Enfin, ce fut un homme chez qui la politesse et la douceur n'excluaient point la fermeté : sa candeur et sa droiture, ses égards et ses attentions le rendaient d'un commerce très-agréable dans la vie. Les vertus dont il était doué avaient sans nul doute leur source dans ces principes chrétiens qu'il avait reçus de sa pieuse mère : tant il est vrai que les bonnes et religieuses impressions reçues dans l'enfance, ont toujours une influence heureuse sur tout le reste de la vie. « Le jeune homme, « dit la Sagesse, suit sa première voie, et dans « sa vieillesse il ne la quittera point. »

FIN.

Le Mans, Impr. de GALLIENNE, rue Bourgeoise, 17. — 1853.